L⁷k
2263

Par Théophile Grégoire,
Voy. p. 83.

LK⁷ 2263

LES RUINES

DE

COUCY

A Laon, chez Huriez, libraire,
et à Coucy, sur les Ruines.

—

1840

..... Les RUINES, forment le dernier chapitre de l'HISTOIRE DE COUCY et de ses *environs*, depuis les premières habitations faites dans le pays jusqu'à ce jour.[1]

Après avoir recherché, dans le pays, — dont il

---

[1]. — L'ouvrage formera un fort volume in-4°, — avec une collection séparée de dessins d'anciens édifices, ruines, armoiries, médailles et autres sujets historiques, tirés à part.

L'auteur, qui cherche à ne rien omettre, remerciera de la communication qu'on voudra bien lui faire des ouvrages, manuscrits, anciens plans, antiquités, pièces de monnaie, notes et documents relatifs à *Coucy* et à ses *environs* et dont il pourrait tirer parti dans l'intérêt de l'histoire du pays. — Il recevra, avec empressement, les renseignements et le concours de toutes lumières étrangères.

a étudié, avec soin, toutes les parties, — l'endroit où se posa la première cabane sauvage, les besoins de ces premiers habitants, leurs vêtements, leurs armes, leurs lois de la famille ;[1] — les guerres soutenues contre les Bolgs et les peuples du Levant ; les ravages qui ont accompagné ; — la situation de la conquête romaine ; sa chûte, à la porte de Coucy, qui en purge toutes les Gaules ; — la remise de la terre de Coucy à saint Remy ; — l'habitation qu'y fit Clovis ; — celle des évêques ; — les incursions des Barbares ;

.... le refuge des habitants de la vallée sur la montagne, où ils se fortifient ; — la pose de la première pierre du château ; — l'avènement de la maison puissante des Enguerrand ; — le château est élevé, sa distribution ; la ville s'agrandit ;

.... l'histoire détaillée de chaque Seigneur ; les

---

[1]. — Premier chapitre qui paraîtra sous peu, dans le *Journal de l'Aisne*, à Laon.

faits de son règne; — guerres pour Dieu, — le Christ, — le Roi; — Croisades; — religions; — dogmes; — abbayes; — différents avec le clergé; — combat de la bête féroce qui fait la réputation de la race; ordre guerrier auquel il donne son nom; monastères dont il ouvre la porte; Prémontré; — cérémonie des Rissoles; — du Prince de la Jeunesse; — des Michettes; — aumônes; — maladreries; — hospices; — mœurs; — chevalerie; — chartes; — coutumes; — lois; — monnaies; — commerce; — environs de Coucy; — branches sorties de la famille des Coucy; — large époque d'évènements, d'épisodes et de guerriers;

.... ce qui s'est passé depuis leur chûte; — prises, reprises du Manoir et de ses châtelains, par les Lorrains, les Bourguignons, le Roi; — les désastres de la guerre, pour la ville et ses habitants; la rançon du vainqueur, la ruine des demeures abandonnées, rétablies, ruinées encore; — nouvel épisode de quatre siècles;

L'auteur a cru devoir, sous le titre de Ruines, clore son travail, en indiquant l'état actuel du lieu, où de grands et tragiques évènements se sont passés.

Il donne ces *Ruines*, — qui lui ont été demandées, — auxquelles il a ajouté des détails, — pour indiquer quelques parties de l'ancien état du Manoir.

LES RUINES.

Nous avons vu l'histoire.[1]

De son ancienne splendeur, il ne reste plus, — aujourd'hui, — de Coucy,

---

[1] — *Coucy-la-Ville* remonte à la plus haute antiquité. Village

— Qu'une ville de 883 habitants ; riche par sa nature, et agréable par ses points de vue ;

— Et qu'un château en ruines.

de 295 habitants, remarquable par son clocher ; son emplacement fut une cité populeuse et puissante, détruite bien des fois dans les premières guerres. — L'autre *Coucy* est plus récent. Il date de la désertion de la première cité par les habitants qui s'établirent sur la montagne pour mieux se défendre : 600 ans, avant J. C. Les premières fortifications y furent des fossés sur le bord desquels s'élevait une terrasse intérieure, faite de troncs d'arbres couchés horizontalement et séparés par des pieux recouverts de terre, que les Romains modifièrent, à leur manière, environ 57 ans avant J. C. — Le *Palais Gaulois* de la porte de Laon, date du 5° siècle. — Le *Château*, avec un donjon, est construit par *Hervé*, archevêque de Rheims en 903 après J. C., pour protéger le peuple contre les Barbares. — *Enguerrand I*, de 1080 à 1116 y ajoute de nouvelles constructions pour mieux se défendre, dans ses guerres contre *Thomas de Marle*, son fils. — Il est entièrement reconstruit, dans son état actuel, avec la grosse tour, en 1198, par *Enguer-*

Mais, — Ruine, belle à voir, — pourtant! — Grande, — comme ce qui est sorti du temps qui a présidé à sa construction et à

rand *III*, à l'emplacement de l'ancien bâti par Hervé. — La *ville* est étendue et fortifiée à la même époque.

Le nom porté par Coucy-la-Ville, à l'origine, est inconnu : — le nom de Coucy date de l'ère romaine, de — CODEX, CODICIS. — *tronc d'arbre, dépouillé de son écorce et de ses branches,* — parce qu'à Coucy-la-Ville, la principale bourgade, et le lieu de la justice, on attachait, à la manière des premiers habitants des Gaules, les criminels à ce tronc d'arbre, pour leur faire subir le dernier supplice. Les Romains y attachaient aussi leurs esclaves par punition. — *Lallouette*; Traité des nobles; page 142. — *Dudon*; Histoire des Normands; pages 115 et 119.

Coucy-la-VILLE de — VILLA, — métairie, était la localité de la culture des champs. — Et par opposition, on appela l'autre Coucy, — *le*-CHATEAU, de — CASTELLUM, — petit champ, lieu d'où part le châtiment, diminutif de *castra, castigare,* châtier, demeure des troupes, pour séparer la ville de la culture de la demeure du chef guerrier.

ses beaux jours ; — imposante, — comme un guerrier couvert d'armures de fer ; — gigantesque, — comme ces projets de soumettre la terre du Christ, et de la lier à notre sol ; — majestueuse, — comme un grand renom ; — immense, — avec ses larges murailles, les restes de ses hautes tours, les débris de ses créneaux et ses profondeurs. — Vieille image d'un vieux et noble château de France !

Les trois entrées de l'ancienne Ville, — qui forment celles de la nouvelle, — ne sont plus défendues par des portes de fer, des herses et des ponts-levis redoutables, —

que l'assiégeant regardait avec frayeur du bas de la vallée ou de la plaine.

L'une,[1] — reportée plus haut, et refaite depuis peu de temps, — présente, comme un souvenir du temps passé, les armes de la cité déchue; mal placées sur une construction neuve, avec laquelle elles font un anachronisme. C'est la main de l'ouvrier d'hier, légère et de peu de jours, qui édifie, pour une courte durée, à côté de l'œuvre infatigable du temps passé. — Vous voyez encore, plus bas, le ravin qui conduisait à l'ancienne entrée guerrière dont l'ogive ap-

---

[1]. — La porte de *Gommeraon*, aujourd'hui de Soissons et de Chauny, — qui paraît signifier porte de peu de défense.

paraît encore : c'est la seule trace de son ancien état. — La tour protectrice, à droite, est détruite ; et une auberge est assise à la place de celle qui défendait, à gauche, sous la protection de son haut rempart.

L'autre, [1] — avec sa voûte étroite et basse, en face de sa montagne rapide et tortueuse, — s'appuie contre la tour qui la protége contre les ravages du temps, et conserve par le peu d'élévation de ses arcs-boutants, quelque aspect de son ancienne force. — Elle s'étonne de ne plus voir, — devant elle, — l'ouvrage avancé qui la cachait, et bastion-

---

1. — Celle d'*Etrelles*.

naît, sur les ravelins, du haut du cavalier où la maçonnerie est remplacée par des tilleuls que la main de l'homme doit faire disparaître à leur tour ; [1] — et, à ses pieds, — l'ancien village d'Estrées, — Estrelles, — qui a perdu l'habitation et les constructions de Gabrielle qui lui ont donné son nom.

La troisième, [2] — à laquelle on arrive par

---

[1]. — Pour faire la *montagne* qui doit partir de l'auberge du Lion-Rouge et se tordre, péniblement, dans la côte, en déchirant les marronniers, pour rejoindre la porte d'Etrelles, — au lieu de monter par le château, et d'ouvrir un débouché et un moyen de communication à cette large partie de la ville, restée jusqu'à ce jour dans le dépérissement faute de communication ; — seul intérêt qu'ait Coucy de se créer une montagne.

2. — Celle de *Laon*, autre ville d'obéissance : — *Laudunum*, — pour *tous ad unum*, — à laquelle les autres doivent hommage.

une longue route blanche, tout au travers d'un pays de plaines, — est la dernière qui paraisse vouloir tomber, et celle qui conserve encore le plus d'apparence de son ancien état de défense. — Elle est étroite, longue, basse et sombre, en poterne, défendue par deux tours gigantesques, — au-dessus desquelles ne se promène plus la fille d'Enguerrand quand elle regardait son tendre Jehan de Moyembrie, sur sa tourelle, ou qu'elle le voyait partir, pour passer à ses pieds sur son cheval de guerre, ou pour aller chasser le faucon dans les bois de son père ; — sur lesquelles on ne voit plus les guerriers dont la race est éteinte ; — mais où se trouvent, aujourd'hui, des arbres fruitiers, et des vignes rampantes, à leur place.

La main du propriétaire a planté des légumes sur le sommet de ces tours et sur les murailles d'enceinte, destinées au passage des sires oubliés ; les créneaux des tours sont tombés ; on dirait, de loin, une ombre des jardins suspendus de l'assyrienne Sémiramis ; — le cyprès à feuilles étroites descend, contre les flancs de l'une d'elles, ses festons en pointe, du haut de ses murailles ; — l'intérieur des meurtrières n'est plus peuplé de soldats, — mais sert de demeure à l'oiseau des nuits qui plane, chaque soir, en signe de deuil, sur les fossés comblés et sur les remparts détruits, en sillonnant l'air de ses cris lugubres : — c'est le deuil du passé ; c'est la mort !

Imprenables aux anciens temps, ces deux tours [1] laissent encore apercevoir les cicatrices des boulets qu'elles ont reçus de Mazarin et de l'ère moderne, en face de la plaine. — La voûte presque souterraine de la porte, basse et sombre, se termine en cône et parcourt de l'entrée intérieure jusqu'à la sortie, plus étroite, toute l'épaisseur des deux tours

---

1. — La nature des pierres dont elles sont construites et la hauteur des assises, dans les angles où elles se rattachent au massif carré, indiquent qu'elles sont d'une construction plus récente que le *Palais* bâti avant Enguerrand III, et qui se trouve derrière elles.

et toute la largeur des anciennes galeries meurtrières, aujourd'hui remplies du plâtre des habitants, ou servant de magasins d'objets de commerce, et qui laissent aussi voir les empreintes répétées des balles révolutionnaires et de la féodalité.

Ces magasins étaient, autrefois, le palais du Mérovingien Clovis. — Le trop hardi Siagrius eut tort de lui envoyer, quand il s'y trouvait, le défi de la bataille ; — il en sortit sa défaite et la mort des siens qui le surprirent dans les plaines [1] voisines et qui placèrent

---

1. — De *Juvigny*, où l'armée et la domination romaines périrent. Siagrius, échappé, et livré par le prince des Visigoths, fut étranglé dans sa prison.

dans la main du vainqueur, le bout de la courroie qui devait terminer la vie du préfet des Gaules. — Dans l'intérieur, dorment, depuis 13 siècles, des peintures à fresque, symbôles de la guerre et de la religion du Christ, que le hasard a découvertes,[1] et que ne reverront peut-être plus, que nos descendants lors de la ruine du palais qui conserve

---

[1] — Lors de l'établissement, en 1832, de la traverse, dans Coucy, de la route départementale n° 11 ; en arrachant une première route trop basse pour le passage des voitures, dont l'éboulement fit un vide dans la voute supérieure qui permit de voir l'intérieur des anciens appartements dans lesquels on aperçut des peintures et des décorations à fresque parfaitement conservées Les besoins de la circulation obligèrent à reboucher l'ouverture qui ne dura qu'un jour.

encore, à son pied, la cour des Plaids,[1] dont le nom est venu jusqu'à nous.

Les éperons,[2] soutiens de la porte, sont en jardins; — Le bastion qui la défendait est démoli;[3] — la demi-lune qui le précédait n'a plus qu'une apparence informe, sous les murailles et les jardins, qui occupent sa

---

[1]. — Aujourd'hui, en partie couverte de constructions ; à droite, en entrant dans la ville. — Ce nom se donnait aux cours de justice : de *placidare*, apaiser, — et le *palais*, servait de tribunal, du temps.

[2]. — C'était deux terre-pleins, élevés de chaque côté des tours, sur lesquels se plaçait l'artillerie, pour battre la plaine.

[3]. — Depuis peu d'années. Il formait un cavalier avancé, au devant de l'ouverture de la porte.

surface ; [1] — des demeures [2] sont appuyées d'un coté, contre l'un des ravelins profonds qui la défendaient ; — l'autre [3] à moitié comblé laisse voir par l'affaissement des terres son ancien lit ; — et le pont de la Barrière, [4] tortueux et voûté sur le grand fossé, souvent détruit et souvent rebâti, vient d'être abandonné.

1. — Elle était circonscrite par les Ravelins qui la cotoyaient.

2. — Le Four à chaux, et les maisons qui l'environnent.

3. — Chemin creux qui aboutit à l'extrémité des tilleuls.

4. — Qui tourne, à gauche de la porte de Laon. — Une barrière se trouvait à l'entrée de la demi-lune, qui contenait cinq ponts-levis tournoyants avant d'entrer dans la ville.

Plusieurs de ces derniers ouvrages avancés, sont d'une construction postérieure à l'usage du canon.

D'une porte à l'autre et de celle-ci à la troisième, de hautes murailles d'âges différents, [3] flanquées de tours, par endroits en ruine, composent les fortifications qui circonscrivent l'ancienne place de guerre, et l'enserrent de leur défense, comme un champ clos limité par des barrières de pierre.

Mais ce n'est plus une ville libre et guerrière; — aujourd'hui, les maisons mal appuyées les unes contre les autres, entre des rues mal percées, forment la ville actuelle. On dirait de la pose des maisons — comme

---

1. — Le rempart du nord, entre la porte du Gommeraon et celle de Laon, est dans une partie, plus ancien que le surplus qui remonte à Enguerrand III.

d'un nouvel arrivé sur une terre étrangère et libre, où il s'empare de l'emplacement qui lui plaît, — qu'elles ont été, après l'époque des guerres, fantastiquement et successivement assises par endroits isolés, sans former de rues directes. Tout y est serré et anguleux. Les rues mal percées,[1] si ce n'est la route de ronde, continue et élargie par endroits,

---

1. — Celles — des *Morts*, — des *Epousées*, — de la *Plume* — qui sont au centre de la ville, — sont modernes.

Celles — de l'*Ecu*, souvenir de la chevalerie; — de la *Longue-Paume*, plaisir des seigneurs, à l'endroit même où se trouvait ce jeu; — la rue *Truande*, ou des serfs de la dernière classe; — celle de la *Poterne*, maçonnerie de guerre; — auparavant *Rue de la Poison*, où se trouvaient les boucheries, — rues qui longent les remparts, remontent à une plus haute antiquité. — Lors des Enguerrand, ces parages étaient vides et laissaient les remparts à nu. On ne trouve plus, aujourd'hui, une seule issue pour y monter.

qui longe, autour de la ville, à distance égale les anciens remparts, et contre lesquels sont établies des habitations : demeures faites, pour la plupart, des débris du domaine des anciens seigneurs et assises où se reposaient les anciens preux, où s'élevaient, par hasard, dans les angles et le bas de la place celles des anciens serviteurs du manoir, remplacées par d'autres appuyées contre les remparts, encore assez forts pour soutenir ces demeures récentes.

Dans le milieu de la place guerrière, est la maison du Mayeur qui reçut, dans un moment suprême, la belle Gabrielle d'Estrées, rejetée des siens; [1] — En face, l'Hôtel

[1]. — Repoussée par son cousin M. d'Haraucourt de Longueval seigneur de Verneuil, qui rejeta avec hauteur la demande d'hospitalité que lui faisait Henri IV, pour sa maîtresse; — Gabrielle fut placée, par son royal amant, chez le Mayeur où elle accoucha du Duc de Vendôme, le 7 juin 1594. — Une plaque de marbre ovale, encore au-dessus de la cheminée de la pièce où elle accoucha, rapporte ce fait de la manière suivante :

L'AN 1594. LE
7E DE IVIN ENTRE IZ
ET I. DV IOVR NAQVIT
EN CESTE SALLE ET FVT
DEPVIS BAPTISÉ EN LA CHAM-
BRE DE DESSUS, CÆSAR LÉGI-
T[MÉ]. DE FRANCE DE VEND-
OSME PRINCE DE TRES GRA-
NDE ESPERANCE, FILZ DV TRÈS-
CERESTIEN TRÈS MAGNANIME
TRÈS INVINCIBLE ET TRÈS CL-
EMENT ROI DE FRANCE ET
DE NAVARE HENRY 4[E] ET
DE MADAME GABRIEL-
LE DESTREES DVCHESSE
DE BEAVFORT.

On rapporte qu'au moment où l'on allait placer la tablette,

de la Ville [1] où les plus graves des enfants de cette dernière vont discuter ses intérêts ; — tournant le dos au château, son aîné, — et devant lequel, en dernier lieu, l'abbé de Nogent venait, trois fois l'an, monté sur son cheval de labour, le semoir blanc sur la

Gabrielle, furieuse de voir que son enfant n'était pas *né légitime*, prit la hache des mains de l'ouvrier et en frappa le marbre au mot *légitimé*, où l'on voit encore une trace.

1. — Bâti en 1774, par le duc d'Orléans, avec le produit de la coupe de son bois du Ru de Basse, sur le bord de l'ancien fossé romain, — sur lequel l'ancien hôtel de ville avait été élayé ; il y avait chapelle Saint-Louis ; chambre du conseil ; chambre des plaids avec bancs séparés pour les avocats, autres pour les juges ; grand cachot, petit cachot ; on y arrivait par un grand escalier à deux rampes, précédé d'une vaste cour dont on voit encore une petite porte, dans l'angle des habitations construites sur le sol de la cour. — Deux grandes halles voûtées étaient sous l'Hôtel de Ville

poitrine, et son chien roux derriere, distribuer ses rissoles au châtelain et au peuple, et recevoir, au pied de quatre lions de pierre, l'acte dû à l'Hommageur. [1]

[1]. — Dans la matinée des jours de Pasques, la Pentecôte et Noël, — l'Abbé de Nogent, — plus tard son fermier, — un semoir, en toile blanche, sur la poitrine, un pannier de Rissoles devant lui, et un fouet à la main, se rendait au pied de la grosse tour, monté sur un cheval de culture, robe isabelle, garni de son collier, de sa sellette et de sa dossière ; et suivi d'un chien roux, sans queue, qui portait, à son cou, une rissole. — L'homme, le cheval et le chien faisaient trois fois, au claquement du fouet, le tour d'un grand lion en face de la porte de la tour, debout sur une pierre portée par trois autres lions couchés sur leurs pattes. — S'il manquait quelque chose à l'équipage, un seul clou à la ferrure du cheval, la rissole au cou du chien, et probablement, s'il avait, en trop, ses oreilles ou sa queue; si, enfin, le cheval venait à fienter, durant l'opération, l'équipage était confisqué, sans préjudice à une amende. — Dans le cas contraire, si tout se passait au gré du seigneur, l'Abbé obtenait l'autorisation de descendre, mettait un

— 31 —

Derrière est la prison, [1] invention des temps nouveaux. — Plus loin l'Hôtel de

genou en terre, et embrassait le grand Lion. — Le seigneur prenait le tiers des six-vingts rissoles que devait contenir le panier, des douze miches et des trois lots de vin qui devaient accompagner l'offrande ; — les officiers de sa suite, recevaient le surplus, et l'Abbé, son acte d'obéissance. — Plus tard, la cérémonie eut lieu devant l'Hôtel de Ville, autour d'une croix de pierre qui fut détruite en 1789. — Par arrêté du Conseil du Duc d'Orléans, du 24 mars 1741, l'offrande des Rissoles, miches et vin est convertie en une rente de « 150 livres » au profit de l'hospice de Coucy, mais sans porter atteinte à la cérémonie de l'hommage qui est réservée et fut rendu, quoique sans offrande, jusqu'à la révolution de 1789.

Toussaints Duplessis, pour décharger sa secte, de l'abaissement résultant de cette cérémonie, nie mais à tort, qu'elle ait eu lieu comme nous l'établirons.

1. — En 1615, les prisons étaient encore à la porte de Laon — C'est dans les prisons de l'Hôtel de Ville que furent enfermés les domestiques du comte de Lameth, seigneur de Pinon, le 6 août 1678 lors de l'assassinat, que nous rapporterons, du marquis d'Albret, dans le parc du château de Pinon.

Dieu,[1] où ce Roi est représenté par des malades qui reçoivent, pour lui, les aumônes qui lui sont dues, et sur lesquelles il ne retient que les prières.

Dans un coin de l'ancienne place, — c'est l'Eglise de St-Sauveur, que pleure sa cloche séparée d'elle, bâtie par le féodal Seigneur, pour être libre des habitants qui visitaient sa chapelle, et pour les malades qui ne pouvaient se rendre, — comme les autorités, — obligées à certaines époques de le faire,[2] — à la

---

1. — Construit sur un terrain acquis du seigneur de Nouvion-le-Comte, par contrat devant Me Fontaine, notaire à Ribemont, du 10 septembre 1747.

2. — Par une charte de 1225 qui oblige deux des principaux

messe de l'Abbaye de Nogent, métropole divine, dédiée à la bienheureuse Marie qui y fut féconde en miracles, et qui, après la chûte de son temple bâti sur des pierres druidiques, s'y trouve, sans asile et sans prières depuis deux siècles.

Devant l'Eglise, ¹ au couchant, s'ouvre — directement — la rue de ronde qui marche

habitants d'aller communier à l'abbaye de Nogent les jours de Pasques et de Pentecôte et d'y assister à la grand'messe et à la procession à peine de « six deniers d'amende. » — Coucy commence à cette époque à avoir un cimetière et des cloches.

1. — A gauche, au nord, était le *Cloître* St-Sauveur qui n'est plus indiqué que par le nom de sa rue, et une pierre à son entrée; il était à l'emplacement de l'école communale, de l'ancien presbytère et des jardins au nord. — On en fit un cimetière transporté depuis 1832 au dehors des remparts.

à côté des remparts et qui traverse le quartier, — pareil aux quartiers des villes grecques ou maures, — des besoins populaires : — l'Eglise, maison de l'âme, en partant; — ancien Four banal, maison de la nécessité, à gauche; — ancien Hôpital,[1] dernier asile du serf, en face; — et puis, plus loin, au coin,...... restes rougeâtres, à vieilles sculptures à ses lucarnes, de la demeure des soldats, limitée par une place et trois rues; poste de la défense.

Là, — la route passe sur l'ancien Fossé creux,[2] qui, de la porte de Gommeraon,

1. — Aujourd'hui la Gendarmerie.
2. — Commencé par les premiers habitants qui se retirèrent sur

en s'arquant devant l'Hôtel de Ville, allait par la rue des Epousées jusqu'au rempart qui formait les limites de la ville primitive, et qui soutient, aujourd'hui, des demeures encore chancelantes et mal assurées sur les terres vacillantes de sa surface.[1] —La route tourne sur la place du Grenier à Sel[2] et même à

la montagne, pour servir d'enceinte à la ville primitive, et fortifié par les Romains. — Auparavant, la terrasse intérieure était faite de troncs d'arbres couchés horizontalement, séparés par d'autres troncs enfoncés de distance en distance et recouverts de terre.

[1] — Lors des fondations de l'Hôtel de Ville et d'une maison contre les remparts, on trouva, dans le fond du fossé, de la paille et des bois de cerf.

[2]. — Aujourd'hui, de l'Hôtel-Dieu. — Il existait au midi de la place. — Charles VII, par un édit, le fixe à Coucy, malgré les réclamations de Chauny.

l'entrée de la cour qui devance l'ancien Manoir.

A droite, est maintenant la salle de spectacle du lieu, sous une voûte sombre, entre quatre murailles humides et verdâtres. [2] C'était là l'entrée du théâtre de la guerre sanglante et de l'attaque du fort, du combat dernier qui ne rend l'assiègeant vainqueur qu'en passant sur le corps du dernier assiégé mort sous son fer. — Aujourd'hui, un théâtre de Momus est où fut celui de la guerre et où durent périr bien des victimes, comme si

---

2. — Elles forment un bas-côté de la *Poterne* qui défendait la porte. — On l'appelait porte de *Maître Eudon*.

le temps eût voulu préparer ce contraste pour dire qu'il se rit de tout !

Il n'est plus, à cet endroit, qu'une grande porte, — récemment réparée, — surmontée de quelques arceaux restés du côté du manoir — dont on dirait que l'aspect les console et leur a donné la force de résister jusqu'à ce jour; — de chaque côté, sur la muraille quelques restes de rainures, larges comme étaient épaisses les lourdes vannes guerrières, indiquent les portes de fer de la Poterne, que l'ennemi avait à rompre pour faire son entrée dans la cour du Fort et dont la première battait en pont-levis sur un fossé qui n'a plus même ses traces. — Une épaisse et haute muraille, en débris, large comme les remparts d'Egypte, où se promenaient des chars de front, va, de chaque côté de la porte, se réunir aux remparts extérieurs, peu distants, où elles terment la cour [1] en aboutissant à deux tours. — Tout était fort, de fer, imprenable !

Derrière, on ne voit plus rien des escaliers de pierre, pour monter aux murailles.

Le sol de la cour du Préau est toujours élevé au niveau de la plaine, — mais il n'est plus défendu que par des débris de remparts.

1. — Et séparaient le Fort proprement dit, du surplus de la ville.

— Au bout, est presque comblé le fossé creux, — le seul qui reste de ceux qui entouraient la ville, — et sur lequel s'ouvrait la porte [1] qui laissait entrer ou sortir secrètement les soldats et les Sires oubliés et par où les épouses des Seigneurs reçurent peut-être de bien tristes nouvelles. — Les tours en ruine sont habitées par l'indigence et la misère, [2] dont la pâle lumière de la lampe ou du foyer scintille, dans la nuit, à travers les vîtres calcinées, placées

---

[1]. — Dont on voit encore la forme, à côté de la première tour et qui communiquait avec la première galerie souterraine.

[2]. — L'Hôtel-Dieu, à qui elles appartiennent, ainsi que les jardins, loue ces biens dont il tire un profit mis au rang de ses revenus.

dans les ouvertures des anciennes meurtrières. — Et le sol de la cour du Manoir n'est plus un dallier plan, séparé de chaussées hautes, résonnant sous les éperons des chevaliers et des gens de guerre, — dont l'épouse des Enguerrand et les jeunes femmes qui la suivaient, balayaient la rare poussière du pan de leurs robes traînantes ! — La chrysalide féodale a changé en jardins affermés au profit de la Maison du Pauvre la terre auparavant des Seigneurs qui y commandaient. — Où le guerrier plantait sa lance et déposait son casque, — où de jeunes femmes se promenaient, sous la garde des sentinelles, — croît l'herbe, et de chaque côté, à la place des fleurs, la vigne de Noé et les légumes du pauvre. — Transformation au profit du malheureux et de l'humanité.[1]

Du milieu de la cour, à droite, une chaussée blanche descend devant vous; elle fuit entre deux lignes d'arbres qui courent sur ses arêtes et vous montre une barrière bleue dentelée à jour; — c'est là que dorment paisiblement les restes, — car aujourd'hui tout est débris, — de l'ancien château féodal, dont les flancs forment l'arête du promontoire du haut duquel il domine la vallée; c'est l'ancienne place forte, le débris du...

---

[1]. — Au fond de la cour, dans le ravin, est encore une fontaine où l'on puise, dont l'eau est amenée par les anciens aqueducs.

— La Ruine!....

— les mots — épars — de la page effacée de l'histoire des anciens temps!

La porte d'entrée, veuve de ses moyens de défense et de ses portes,[1] est chancelante; — son pont-levis ne bat plus sur son large fossé creux remplacé par la chaussée de terre, faite [2] des débris de l'intérieur. — A droite; — le récipient de pierre où l'on a réuni d'anciennes armes rouillées; — des boulets

---

1. Qui se levaient de bas en haut. On remarque à la porte de Laon, les travaux faits pour les enlever et les soutenir.

2. — En 1842, à l'endroit de l'ancien pont-levis.

plus récents ; — des têtes de sphinx, de méduse, mutilées ; — des fronts de colonne, sculptés de saints, plus anciens que le château ; — des carreaux, peints de lions debout, que ne foulent plus les pieds délicats des femmes ou des filles des Seigneurs ; — débris épars trouvés dans les fouilles et arrivés jusqu'à nous des objets de la guerre et de l'habitation anciennes. — A gauche ; — une demeure blanche, à fenêtres ogivées, qui date d'hier.[1] — Au couchant ; — reste le plus intact de la ruine, — la large muraille qui soutenait la salle des Preux et qui conserve encore, d'un côté, au

---

1. — De 1843 ; faite dans la seule épaisseur de l'ancienne muraille.

dehors, ses créneaux comme une couronne naturelle, et de l'autre, attachés à son épaisse paroi, des restes de socles et de frontons de niches du travail dentelé le plus délicat. — Au nord; pour dernier côté du triangle, des remparts d'une hauteur prodigieuse dans leur état de ruine même,[1] sur le haut desquels l'herbe pousse. — Et à chaque coin de ces murailles, des tours qui les lient, — dévastées par la ruine, — rongées par la main de l'habitant qui s'est attachée à elles, comme un vautour à sa proie qu'il déchire, — édifices dégarnis de leur cîme et de leurs créneaux de

---

1. — Sur lesquels on pratique, — novembre 1845, — un trottoir d'une tour à l'autre.

— 45 —

guerre remplacés par des épines qui forment leur couronne et dont les crevasses servent de nids aux corbeaux de la nuit.

Dans le coin de la place, — entourée de sa chemise épaisse de pierre — une autre tour gigantesque [1] avec une profondeur qu'on suppose égale ; menaçante et fière, et dominant toute la contrée ; — deux larges et imposantes crevasses la disjoignent du haut en bas, [2] résultat de la poudre effroyable et des-

---

1. — *La Grosse tour;* 91 mètres de hauteur, pour ce qui en reste ; 31 mètres de diamètre ; murailles de 7 mètres 33 centimètres d'épaisseur ; 98 mètres de circonférence. — Elle dominait la plaine de la porte de Laon, pour éviter la surprise, et protégeait le Fort, du côté du préau.

2. — Une troisième descend à la moitié ; œuvre de la poudre

tructive de Mazarin qui en a fait sauter les voûtes, et qui laisse ces deux parois de murailles face à face. — Le fronton de la porte a perdu la moitié du groupe du combat de Prémontré détruit par le vandalisme de l'avocat Canivet; — dans l'intérieur, se trouve le puits [2] qui recevait les eaux du faîte con-

qui fit sauter les voutes. — Le tremblement de terre du 18 octobre 1692, auquel on attribue les brèches, n'a pu que les ouvrir. — Elles ont été réparées en maçonnerie imitative en 1843.

1. — En 1747, dans le but de faire-sauter la sculpture en relief et de conserver la pierre pour s'en faire un évier. — Le génie qui veille à la conservation des ruines, n'en a pas permis la destruction — Il représentait Enguerrand I, combattant le lion qui ravageait le pays et y jetait l'épouvante. — Une chapelle, construite à l'endroit même, fut donnée à saint Norbert et devint *Prés-montré*, à la veille, aujourd'hui, de rentrer dans son premier néant.

2. — D'une profondeur de 65 mètres, et de 22 mètres 33 cent..

duites dans les murailles ; — les voûtes abattues laissent voir les quatre étages de niches cintrées ; — et le faîte sert dans ses cavités de repaire aux corbeaux, difficiles à abattre, et dont une nuée obscurcit souvent de son ombre la tour blanche au soleil. — Si la triste Andro-

de largeur; comblé et perdu lors des ruines, il a été cherché et réouvert en 1819 par les soins de M. *Carlier,* maire de Coucy. — Après avoir rencontré des vapeurs sulfureuses provenant de barils de poudre, des débris d'armures, des boulets et des caryatides, les ouvriers remontèrent un *canon* octogone, en cuivre fin, de 60 centimètres de longueur, cassé vers le bout et sur le pan de la lumière duquel est gravé après un trèfle :

FAIT LE 6 MARS 1258 ⋆ RAOUL ⋆ ⋆ ROIS ⋆ DE COUCY ⋆ ⋆ ⋆ (Suit une pensée.)

On a contesté que ce canon ait été fondu à la date qu'il indique, faute d'avoir examiné l'arme aujourd'hui déposée à la ville qui se sert de ce canon pour annoncer ses réjouissances publiques.

maque cherchait du haut des murs l'issue du combat et de la guerre de Troie, — vous regardâtes, — souvent aussi, — mères, femmes, filles désolées, des Seigneurs tombés, amantes épouvantées des Chevaliers, les chances effroyables, du haut de cette tour, du combat, de vos enfants, de vos Seigneurs et des Preux que n'a pas sauvés la fleur ou l'écharpe du départ! — Au pied, c'est le chardon qui pousse!

Dans l'intérieur encore du triangle : — indication, à peine, où fut chaque partie du Monument féodal; — plus d'habitation humaine; — rien qui donne une idée juste du passé;—sous de larges montagnes de pierres, des souterrains, — où règnent la nuit et le le silence, — édifices à plusieurs étages, paraissant encore, après 700 ans de fatigues, sortir de la main de l'ouvrier, avec leurs pierres blanches, polies, et régulièrement assises transformées en tablettes naturelles sur lesquelles s'inscrivent chaque année, tant de noms de sages, de roturiers, — en foulant le sol du Seigneur ; — de grands, d'écrivains et de philosophes visiteurs !

A la suite, — d'autres souterrains qui passent sous le cœur de la ville, se séparent, et vont ouvrir leur large bouche dans le flanc de lointaines collines.—Autrefois ces cratères vomissaient des soldats cuirassés de fer. — Aujourd'hui le temps a crevé leurs voûtes; — celles de l'intérieur de la ville servent de caves à des habitants, qui vaquent à leurs travaux, sans se douter des bruits de guerre qui ont frappé les échos de ces voûtes que ne réveille plus que le bruit monotone et rare du marteau du tonnelier sur des futailles. — Le pas des guerriers qui avaient vaincu dans les combats et traversé les mers est remplacé par le pas des domestiques !

Entre les débris des remparts du Château des Sires, — où fut une demeure longtemps puissante et longtemps renommée : — une place, aride, déserte et froide ;

— un sol blanc et deblayé depuis peu,[1] qui laisse voir les traces de l'ancienne Chapelle et la cavité des fonds baptismaux, — où s'unit le sang de la Maison du pays au sang de la Maison royale, et où l'enfant reçut l'eau sainte et lustrale, laveuse du premier péché, — dont les colonnes et le dôme abattus, n'ont plus aujourd'hui que le Ciel pour dais.

La salle des Preux n'a plus de dalles ni d'échos pour faire retentir le pas éperonné des guerriers, ou le bruit de leur lance sur leur bouclier de fer; — plus de voix d'airain

---

[1]. — En 1842, époque des premiers travaux de déblaiement de la cour qui se trouvait encore dans son état de ruine.

qui appelle le ban des vassaux de la contrée à suivre le chef aux combats. — Les escaliers de pierre de la tour du signal [1] ne résonnent plus sous les pas précipités du gardien qui sonnait de son cor l'approche de l'ennemi; — les murailles sourdes des oubliettes [2] elles-mêmes, ne redisent plus les gémissements et les cris étouffés des condamnés !

Rien ne répète plus aucun signe de vie ! — Il n'est plus de belvéder à verre de mille

---

2. — Elevée au-dessus de la grosse tour; — On en voit l'escalier. — Une inscription avait été placée sur un poteau planté à cet endroit, pour indiquer que la Duchesse de Berry y était montée en 1826.

1. — Dans le pied de la tour du sud, où l'on en voit l'ouverture.

couleurs ; — de tour élevée où le faucon chasseur épiait l'innocente tourterelle, — d'où le Féodal convoitait la fille du pauvre et du manant ! — Plus de chambres tapissées de riche velours ; — de fauteuils à larges bras dorés, où l'épouse soupirait près de son Seigneur, — où la jeune Reine écoutait les chants du Barde ou les exploits du Sire oublié, — où la jeune fille entendait les propos du page enfantin ! — pauvres épouses, — pauvres reines, — pauvres amantes !

De quelque côté que les regards se tournent, — de l'abandon, — de la solitude, — de la dévastation, — de la ruine, — de la mort ! — des murailles — éparses, — sans toitures, dans lesquelles on entre comme dans une place de guerre prise d'assaut ; — de larges baies qui laissent passer le vent à la place des portes ! — plus de bois aux fenêtres ; — des intérieurs sans marbre, sans chambranles, sans menuiserie à sculpture, sans dalles, à la place desquelles est de la poudre ; — plus d'escaliers tournoyants avec leurs rampes festonnées ; — de galeries de dentelles de pierre sur lesquelles s'appuyaient des bras délicats, et que frôlaient des existences bien jeunes et bien remplies de vie et d'espoir !... La poudre et la marteau du démolisseur ont rompu les murailles, et le temps a détruit les existences.

Rien ne répète plus aucun signe de vie ; — des chapiteaux de colonnes enterrés dans le gason qui les recouvre ; — des ronces, contre les murailles ou sur les ponts autrefois carrelés de marbre ; — quelques chèvres broutantes, un vieillard, asssis sur les décombres, qui les garde, et dont l'âge est en rapport avec l'antiquité du lieu ; — des couronnes fleurdelisées[1] peintes dans l'intérieur des tours et des murailles avec des guirlandes de laurier qui les unissent et que chaque année le temps détruit ; — ne mousse verte qui les recouvre ; — des écailles qui s'en échappent comme la rouille, d'une ar-

---

1. — Dans la tour du Roi : au nord, où elle fait l'angle

mure ; — signes fatals d'abandonnement et de solitude, comme la lance de fer du guerrier vaincu que l'on retrouve après sa mort au bord du chemin ; — voilà tout ce qui reste de la splendeur effacée du manoir et du renom de ses preux ! — Tout est muet ! — Amour, — beauté, — grandeur, — renom !... plus une pierre pour parler de vous !

Forteresse, — fille des passions humaines, — tu fus la retraite des malheureux contre les méchants ; — le romain, 1 étranger, auquel tu résistes, apporte ses aigles triomphantes sous lesquelles tu succombes, et qui te font commencer ta vie de guerre !

1. — Environ 57 ans avant J. C.

Ils mettent la pierre et leur ciment sur tes retranchements de terre et de bois, pour mieux asservir tes enfants; — mais leur puissance devait périr après une durée de cinq siècles, — trop longue, — sur un sol étranger! — la résistance des asservis repousse la main de fer qui s'appesantissait sur eux, — et le faisceau du licteur, qui marchait au premier rang, devant les enfants du pays, va trouver sa tombe dans les plaines de Juvigny. [1]

La main d'un prélat pose ta première pierre, sur la ruine lavée; de l'habitation romaine;

---

17. — Entre Coucy et Soissons; lors de la défaite de Siagrius, gouverneur romain dans les Gaules, par Clovis; 481 ans après J. C.

— elle a été bénie du ciel ; — tu fus humaine alors ! — c'était pour préserver ton sol d'une autre domination ! — l'église donnait, et se dépouillait, dans ces temps, pour le peuple. [1]

Une famille nouvelle qui met un pied sur le gradin du trône, te donne ta page spéciale dans l'histoire ; page souvent malheureuse et empreinte, à côté d'actes de vertu, de tâches

---

[1] — On raconte que Clovis, habitant alors Juvigny, donna à saint Remy, toute la terre que ce dernier parcourrait durant le sommeil que le Roi avait l'habitude de prendre après son repas du jour ; et que le saint Evêque, étant monté à cheval, fit le tour des terres de Coucy et de Leuilly, qui lui furent octroyées par le Roi devenu chrétien.

de sang; — à côté d'amour du beau, de souillures;—auparavant soumise à la loi générale, elle te fait une existence à part et individuelle. [1]

[1]. — Auparavant, le pays attaché à la fortune des premiers Rois, avait suivi la destinée générale du royaume. — Le premier maître guerrier est *Albéric*; vivant en 1059 : là, commence l'histoire véritablement locale. — *Enguerrand I* vient après lui; meurt en 1116. — Lui succède *Thomas de Marle*, son fils, après de longues et meurtrières guerres. — *Enguerrand II*, fils de ce dernier, succède à son père en 1130 ; existe encore en 1147. — Il est remplacé par *Raoul I*; tué au siège d'Acre, en 1191. — *Enguerrand III*, son fils, succède; meurt en 1242. — Il a pour remplaçant *Raoul II*, son fils, mort à la bataille de la Massoure, en 1250. — Son frère, *Enguerrand IV*, lui succède; meurt en 1311. — Il est remplacé par *Enguerrand V* qui existe encore en 1321. — *Guillaume* succède; meurt en 1335. — *Enguerrand VI* remplace Guillaume; meurt en 1347, — et a pour successeur *Enguerrand VII*, comte de Soissons, mort en 1397, le dernier des seigneurs. — Avec lui finissent les sires de Coucy, dont le domaine est vendu le 15 novembre 1400, par *Marie de Coucy*, sa fille, à la branche d'Orléans.

Ton premier maître, te relève ; — un animal fait ton renom que tu portes dans les tournois et dans les guerres, jusque sur la terre du Christ, que tu cherches à délivrer de l'esclavage, et où tu laisses tes chefs et bien de tes enfants, morts avec le signe de la croyance religieuse tracé sur la poitrine !

Les hommes, égaux par Dieu, deviennent, —par ton influence peut-être, — l'un, maître; —l'autre esclave ;—l'un, ayant sur l'autre, le droit de commander, sur tous, le droit de leur demander le travail, de les attacher à sa personne, à son intérêt, à son bien. — Ceux-ci, n'ayant pas la faculté de vivre pour eux, pour leur famille, pour leurs enfants; de leur faire un meilleur sort; de les tirer de l'esclavage où la naissance les a placés; obligés, par elle, à rester attachés à la glèbe du Seigneur![1]

Ton troisième Sire[2] appelle pendant vingt-années, la sueur des habitants de la contrée à couler sur les pierres qui s'asseyent les unes sur les autres pour construire le monument qui dure jusqu'à nos jours, et les tours et les remparts qu'il arme de créneaux et de ponts-

---

1. — Reproche que la justice adresse, avec raison, au régime de la Féodalité.

2. — *Enguerrand III*, en 1198. Il étend la ville et la fortifie, construit l'Eglise de Saint-Sauveur, et les châteaux de Coucy, Folembray, La Fère, Nesle.

levis pour le faire craindre et respecter; — il les étend pour qu'il soumette mieux, — et il comble les habitants d'ignorance pour mieux les dominer !

Une haute tour montée au-dessus des plus grands arbres, voit rendre à son pied, l'hommage à genoux et découvert, par le clergé; — la veille dominateur ! — Il est dépouillé de ses biens,[1] mais il descend ses reliques sur le sol nu de ses temples; prie la face contre terre ; — appelle le peuple qui marche en procession derrière les reliques au bruit

---

[1] — Par *Thomas de Marle*, dont le fils est sommé d'opérer la restitution qui engendre la cérémonie des *Rissoles*,

des chants sacrés, et qui gémit avec les hommes du ciel sur la dépouille de leurs biens de la terre ; — s'arme de ses foudres, lutte, — excommunie, — et par les craintes du châtiment de l'autre monde, te domine, du fond de son église !

Pourtant, tu construis des Chapelles ; — des Maladreries,[1] pour guérir la lèpre rapportée d'Asie et qui couvre tes sujets comme son nom l'indique ; — tu ouvres la porte à des monastères ; fais l'aumône au pauvre ;

---

1. — Celles de *Brunchamp*, où se trouve la cendrière de Guny ; et de *Quincy-Basse*, à l'endroit du château, étaient les principales. — Elles contenaient un nombre immense de malades et étaient soumises à la direction de l'ordre de Saint-Lazare.

—et veilles sur les Cénobites à qui tu confies le vieillard, l'enfant et la veuve du soldat !

Et fière de ton pouvoir, tu laisses aux autres les titres, de duc, de prince, de comte, — et ne pouvant prendre le titre roi,—te donnes celui de Sire, équivalent ! [1]

Le Monument qui a ses jours de gloire, a aussi ses heures de sang et ses moments de repos !

Dans les intervalles de guerroiement, tu as

---

1. — La véritable devise des sires était :

Roi ne suis;
Ne Duc, ne Prince, ne Comte aussi;
Je suis le Sire de Coucy.

tes jours de paix, de calme et de pures fêtes.

— Le matin du mardi gras la jeunesse qui doit conserver sa santé robuste pour le Seigneur se rassemble à la porte du manoir où elle élit son Prince; la Chatelaine, qui a l'autorité pour ce jour, place de ses mains blanches la couronne sur la tête de l'élu et la troupe va demander le diner de la fête à l'abbaye de Nogent qui doit avoir tendu la nappe.[1] Tu

---

1. — Cérémonie du *Prince de la Jeunesse*, qui dura plus de 4 siècles. — En 1636, le Prince et sa troupe se présentent comme de coutume, mais les Moines ferment leurs portes, refusent de les ouvrir, et du haut de leurs croisées insultent par les invectives les plus grossières le Prince et sa troupe, et leur tirent des coups de fusil; ceux-ci, irrités, font faire sommation d'ouvrir; sur le refus des Moines qui les attaquent, ils se défendent, enfoncent les portes, pénètrent dans le couvent et mettent tout en désordre. — L'abbé

veilles sur tes malades ; — fais distribuer le pain du pauvre ; — délimites la terre de la Paix, sur laquelle il est défendu de détrousser et de rapiner, mais où les hommes des autres états sont à toi, eux et leurs biens! — Tu

de Nogent évoque l'affaire à la lieutenance de Château-Thierry, puis à celle de Soissons, mais il prévoit que la sentence ne lui sera pas favorable, et la porte au parlement de Paris, où par son influence résultant de sa qualité d'aumônier du Roi, il obtient : — le *bannissement* de Jehan Sacquespée, Prince de la Jeunesse ; — des *amendes* contre Gosse, Barbin, Canivet, Belin, etc. ; — et la *conversion* du régal en une distribution de Michettes à faire, aux pauvres, le vendredi saint.

Les moines, n'étaient déjà plus les serviteurs du peuple, et furent bientôt encore fatigués de la livraison des michettes dont ils demandèrent la suppression au Conseil d'Etat qui, par arrêt du 30 juin 1741, les convertit en une rente en nature de «15 jallois de blé et 15 » jallois de seigle » à fournir à l'Hôtel-Dieu de Coucy, et que l'abbaye assit sur la ferme de Limonval.

donnes la charte au peuple qui adoucit sa barbarie, et la fais respecter; — germe de la coutume qui doit éclore bientôt !

Le cornet de fer appelle les enfants de la contrée qui quittent leur famille, à la suite de leur chef dont les regards se tournent encore vers toi, pour aller guerroyer pour Dieu, dont la Trinité est contestée ; — pour le Christ, dont on profane la terre ; — pour le Roi trop faible pour supporter sa couronne ; — pour asservir un peuple ; — pour courber la tête d'un Etat qui la lève trop haut ; — pour faire prévaloir une idée ; — pour dire que la Croix du manoir qui flotte dans les airs est plus fière que l'étendard voisin ; — pour défendre tes richesses, ta gloire, tes alliances, ton renom qui faisait des jaloux! — Guerres pour les Rois du ciel, celui de la terre, de peuple à peuple, pour une idée, de Seigneur à serf, d'homme à homme!—Et tes enfants partent, reviennent, et partent encore!

Puis,—quand furent terminées les guerres de quatre siècles, pour Dieu, — Jésus, — des Rois, — des idées, — des peuples, — des seigneurs, — du renom et des vassaux!... les épées, longtemps tirées, se reposèrent; les chevaux rentrèrent au manoir; — tes guerriers moururent! — Là, finit ta gloire!

Les Rois comprirent mieux leur mission;

l'un d'eux,

— Eteint des grands vassaux le pouvoir tyrannique ;

— le passé vermoulu chancelle et tombe ;
— la sape de la révolution pousse ses ramifications sourdes dans la cabane du peuple, où l'on entend un bruit qu'on écoute avec inquiétude ! — Ton édifice en tremble !

Tes murailles recelèrent des traitres et des parjures ; — elles furent souvent attaquées, souvent reprises ; — le pays dévasté ; — les habitants chassés, comme des troupeaux, de leurs demeures en ruine, où ils n'étaient plus les maîtres ! — partout, — des soldats ; — de la destruction ; — du feu ; — des cendres ; — de l'anéantissement ! [1] — La poudre se joint aux hommes pour déchirer tes murailles ! [2] — Ce fut la veille de ton repos !...

1. — Après le siège du 10 mai 1652, qui détruit la moitié de la ville, les habitants envoient une députation au Roi qui se trouvait à Compiègne, pour obtenir dans leur misère le remboursement des frais de la guerre ; ils disent : — « Qu'ils se sont endettés pour la
» récompense du sieur Hebert qui commandait aux ville et château ;
» et ont livré pour les poudres deux mille livres qui ont été em-
» ployées à faire tomber partie des forteresses dudit château. Lesdits
» habitants sont endettés de plus de 40,000 livres ; plusieurs ont
» abandonné leurs maisons qui sont fondues, au nombre de 40
» (il en existait 80) ; d'autres ont été tués ; et sont la plupart fort
» pauvres. »

2 — Mazarin, voyant que Coucy servait de refuge aux seigneurs mécontents, fait rendre, aussitôt la remise de la place entre les mains du Roi, un arrêt par le Conseil Privé, le 12 septembre 1652, qui ordonne la destruction de la forteresse par la mine, — et qu'il met à exécution.

Devenue veuve de tes chefs entre les mains d'une femme, la maison abandonnée des Preux passa aux mains d'un Prince, et de lui à d'autres, et d'héritage en héritage, pendant quatre cents ans, — dans lesquels, depuis ses guerres et sa chûte, elle est abandonnée au silence et à l'oisiveté dans lesquels tu demeures !

Tes pierres tombent, — tous les jours ; — l'herbe pousse dans tes corridors ; tes colonnes sont rompues ; — tes sculptures brisées ; — tes ornements partis ! — tes voûtes sont écroulées, — et le silence a remplacé leur bruit ! — Tu fus toujours le jouet des vicissitudes ! — Pareille à — Rome, — la ville sainte, tu n'as plus que la charpente de ton ancienneté !

Voilà ta vie !..

Et le dernier des descendants de tes anciens seigneurs[1] vient de mourir loin de toi, sans secours de ta part, impuissante, passée pourtant, aux mains de la maison qui doit secourir !

Déjà, un spéculateur avait jeté ses regards voraces vers toi ; — encore un jour et les

---

[1]. — Le chevalier *Georges de Coucy*, mort le 28 août 1820. — V. le Moniteur du 11 septembre 1820.

démolisseurs allaient porter le marteau sur tes vieilles murailles ! [1]

Ton Prince, [2] et un gardien, [3] veillent — aujourd'hui, — sur ta caducité !...

---

1. — On en doit la conservation à M. *Carlier*, maire de Coucy, qui réunit ses efforts pour faire avorter la demande d'un spéculateur tendant à acquérir les ruines pour en opérer la démolition et trafiquer sur les matériaux.

2. Marie de Coucy vend en 1400 le domaine de Coucy à la branche d'Orléans qui, par arrangement ultérieur, en rend la moitié; et dont l'autre moitié est, en 1498, réunie à la couronne par l'avènement de Philippe d'Orléans, sous le nom de Louis XII, au trône; — le surplus passe à Henri IV, descendant des Coucy, et rentre aussi à la couronne par son avènement; — la seigneurie de Coucy est donnée par le Roi à titre d'engagement à Diane de Poitiers, en 1577, moins la forteresse qu'elle est chargée d'entretenir. — Le 14 avril 1672, Louis XIV donne à titre d'apanage le marquisat de Coucy et Folembray, à Monsieur, duc d'Orléans et à ses des-

A tes pieds tu as vu des tournois, splendides fêtes pour ta bannière ; — dans ton sein de dramatiques évènements ; — de belles

cendants mâles à qui il est repris, plus tard, puis rendu, et qui le possèdent jusqu'à la révolution de 1789. — Là, pour sauver leur tête du mouvement populaire, ils émigrent et les biens sont confisqués. — En exécution de la loi du 7 septembre 1807, confirmée par celle du 25 avril 1825, le gouvernement donne à l'hospice de Coucy, le château, ses cours et jardins avec autres biens, en remplacement des biens dont il avait perdu la jouissance, par l'effet de la loi du 23 messidor an 2; — à la charge de respecter la *Grosse Tour*, qui est déclarée monument public ; — par contrat passé devant Me Suin, notaire à Coucy, le 26 octobre 1819, l'hospice vend à S. A. R. le duc d'Orléans, la Forteresse du château et la basse-cour, moyennant 6,000 francs ; — Edifice — aujourd'hui — réuni au Domaine de la Couronne par l'avènement, au trône, du Roi. — Chaque année le Roi y fait des dépenses en fouilles et en réparations.

3   Placé depuis le 1er avril 1844 ; il est préposé à la conservation du Monument, et le montre aux visiteurs l'entrée en est libre

jeunes femmes et les plus grands capitaines ; — de grands vieillards et de doux enfants !— des pages et des serfs ; — du velours et du sang ; — de la soie et du fer ; — de la religieuse piété et des fêtes étincelantes de pierreries ; du bruit et des armures ; — des victoires et des défaites ; — de l'amour et des meurtres ; — de la confiance et de la trahison ! — La rivière voisine si doucement endormie entre ses deux rives de peupliers, eut ses évènements ; — les verdoyantes prairies leurs batailles qui en engraissèrent le sol ; — et les moissons dorées de la plaine furent pétries dans des mêlées furieuses, sous les pieds de tes soldats et de tes chevaux !

Ce fut tout ensemble, les débris d'une cité puissante tombée sous ses ruines ; — un centurion romain qui fit passer tes enfants sous le joug ; — des religieux, vertueux cénobites, qui les défendirent et donnaient alors ; — un prince qui fonda Nogent pour y être inhumé et qui fut enterré ailleurs ; — un triste seigneur dont la vieillesse est tachée par une femme impudique ; — un père qui s'arme contre son fils ; — un fils qui cherche dans la mêlée son père pour commettre un parricide, sans que la loi du temps l'appelle à sa barre ! — un Enguerrand I ; — une Sybille, — un Thomas de Marle, dont le nom jette l'épouvante ; — les Raoul qui meurent à la terre sainte; — un grand refusant la couronne, quand elle a coûté plus de sang qu'elle ne vaut pour chercher à l'avoir! — Diane de Poitiers qui vient promener sa beauté et meurt avant de la perdre; — Henri IV, qui sait boire et lutter, et finit trop tôt pour le peuple; — cette belle Gabrielle, plus malheureuse qu'une simple femme! — L'infortuné de Saintraille, lâchement trahi! — des Hébert, nouveaux Jugurtha! — et toute cette escorte de valeureux chevaliers, si brillante si elle renaissait de la tombe!

De tout ce passé :

— Les tombeaux dans lesquels repose la

dépouille de ceux qui ont fait trembler la province, sont dispersés et inconnus, sans qu'on puisse les retrouver ! — la cendre de grands guerriers, de grands chefs, s'envole avec celle de leurs serfs et de leurs vassaux ! — Sept siècles ont passé, et ont tout nivelé !

—Et le monument,... comme une chaumière que la rafale aurait à demi rasée,.... est sans cheminée, et sans couverture ; — des murailles noires dans la nuit, comme un géant qui veille sur la colline, alignent leurs brèches inégales ; — des feux incertains, apparaissent, derrière la Ruine, à travers les ouvertures des tours qu'habitent l'indigence et la misère ; — les étoiles se lèvent derrière sa masse ; — la lune projette son ombre immense sur la vallée: — et le temps, patient démolisseur, et la brume de la nuit, qui l'enveloppe, continuent leur œuvre de destruction!....

ÉPILOGUE.

L'historien est l'écho fidèle du temps; — les faits composent son domaine; — la justice est son crayon; — le but de ses recherches, le bien des masses et l'enseignement de l'avenir!

Théophile Grégoire.

Coucy, 1846.

TABLE.

Les chiffres en regard indiquent les pages en tête ou dans les notes desquelles il est question de l'objet auquel on renvoie.

	Pages.
Abbayes.	58. 62. 64.
Abbaye de Nogent.	33. 62. 65. 76.
Abbé, de Nogent.	29. 30.
Aggrandissement de Coucy.	13.
Alberic.	59. 76.
Albret (Mis d') mort.	31.
Ancien Coucy ; ses limites.	34.
Antiquités, trouvées dans les fouilles.	42. 43.

	Pages.
Apanages.	71. 73.
Armes de Coucy.	15.
Armures, anciennes.	42. 47.
Aumônes.	64.
Autorités, obligées de communier.	32.
Avocats (bancs des).	29.
Balles (empreintes de).	21.
Ban des vassaux.	52. 67.
Banal, (four).	34.
Barbin.	66.
Bastion.	16. 23.
Belin.	66.
Belveder.	52.
Boucheries anciennes.	26.
Boulets.	20. 42. 47.
Brunchamps.	63.
Canon trouvé.	47.
Cachots.	29.
Canivet.	46. 66.

	Pages.
Carlier, (M^r.) maire.	47. 73.
Casernes anciennes.	34.
Caves de Coucy.	50.
Chapelle du Château.	32. 51.
Chapelle de l'Hôtel-de-Ville,	29.
Chapelle de Prémontré.	46. 63.
Charte qui oblige d'aller communier.	32.
Charte sur le grenier à Sel.	37.
Charte de la paix.	67.
Château, origine, construction, durée, chûte.	12. 45. 61. 70.
Château; (Coucy-le-) étymologie.	13.
Chauny.	15. 35.
Chemise de la grande tour.	45.
Cimetière de Coucy.	33.
Clocher de Coucy-la-Ville	12.
Cloches de Coucy-le-Château.	32. 33
Cloître Saint-Sauveur.	33.
Clovis.	21. 58.
Combat du lion.	46.
Coucy. (Georges de)	72.
Coucy. (donation de) à St-Remy.	58.
Coucy-la-Ville.	11. 12. 13.

Pages.

Coucy-le-Château.	12. 13. 14. 25. 61.
Cour du Manoir, ou Préau.	36. 40.
Coutume de Coucy.	67.
Croisades.	7. 59. 60. 67.

Déblaiment des ruines.	41. 42. 51. 74.
Démolition du Château.	53. 54. 70. 72. 73.
Demi-lune, de la porte de Laon.	23.
Désastres dans les sièges.	70.
Diane de Poitiers.	73. 77.
Donation de Coucy à St-Remy.	58.
Donjon.	12.
Druidique (temple) à Nogent.	33.

Eglise Saint-Sauveur.	32.
Elette, (rivière d')	75.
Enguerrand I.	12. 46. 59. 60. 76.
Enguerrand II.	59.
Enguerrand III.	12. 59. 61.
Enguerrand IV.	59.
Enguerrand V.	59.

	Pages.
Enguerrand VI.	59.
Enguerrand VII.	59.
Eperons.	38. 52. 54.
Escaliers.	16. 17
Excommunications.	63.
Féodalité.	60. 71.
Fêtes du Manoir.	64. 74.
Fleurs de lys.	55.
Folembray.	61. 74.
Fontaine du Château.	41.
Forteresse, son histoire.	37. 56.
Fortifications.	12. 19. 37. 38. 39. 53. 57.
Fossé gaulois.	29. 34. 57.
Four banal.	34.
Gabrielle d'Estrées.	17. 27. 28. 77.
Gardien des Ruines.	43. 74.
Gaulois.	12. 21.
Gendarmerie.	34.
Gommeraon, (porte).	15.

	Pages.
Gosse.	66.
Grenier à Sel.	35.
Guerres des Seigneurs.	67.
Guetteur de la grosse tour.	52.
Guillaume.	59.

Halles.	29.
Hébert.	69. 77.
Henri IV.	28. 73. 77.
Hervé.	12. 57.
Hôpital, (ancien)	34.
Hôtel-de-Ville.	29. 35.
Hôtel-Dieu.	31. 32. 39. 40. 66. 74.

Inscription, dans la maison du Mayeur.	28.

Juvigny (bataille de).	21. 57. 58.

La Fère.	61.

	Pages.
Lamet (Cte de) de Pinon.	31.
Laon. (Porte de)	17.
Lazare, (ordre de Saint-).	63.
La Fère.	64.
Leuilly.	58.
Limonval.	66.
Lion,	30. 43. 46.
Longue paume.	26.
Loius XII.	73.
Louis XIV.	73.
Maisons de Coucy.	25. 26. 27. 69.
Maître Eudon (Porte).	36.
Maladreries.	63. 66.
Marie de Coucy.	60. 71. 73.
Marle.	61.
Mayeur.	27. 24.
Mazarin fait sauter le Château.	39. 45. 54. 70.
Meurtrières.	19. 40.
Michettes.	66.
Mine, fait sauter le fort.	39. 55. 54. 70.
Moine, différents.	32. 62. 63.

	Pages
Montagne d'Etrelles	17.
Musée des ruines.	42.
Nogent.	33. 62. 63. 66. 76.
Norbert (St-)	46.
Origine des deux Coucy.	11
Orléans (famille d').	60 71. 73. 74.
Oubliettes.	52.
Palais gaulois.	12. 20. 21.
Peintures de la porte de Laon.	22.
Pinon.	31.
Place de guerre.	25.
Place du grenier à Sel.	35.
Place de l'Hôtel-Dieu.	35.
Plaids (cour des).	23.
Plate-forme.	27.
Poison (Rue de la).	26.
Pont de la Barrière.	24.

Pages.

Ponts-levis.	24. 37. 42.
Population des deux Coucy.	11. 12.
Porte.	14. 25.
Porte de Chauny.	16.
Porte d'Etrelles.	15.
Porte de Gommeraon.	15.
Porte de fer.	37.
Porte de Laon.	16. 42.
Porte Maître Eudon.	36. 37.
Porte secrète.	39.
Porte de Soissons.	15.
Porte des Ruines.	42.
Poteau, de la grosse tour.	52.
Poterne.	26. 36. 37.
Préau.	35. 38. 40.
Prémontré.	46.
Presbytère (ancien).	33.
Prince de la Jeunesse.	65.
Prisons.	29. 31.
Processions.	63.
Puits de la grosse tour.	46.
Quincy-Basse.	63.

Pages.

Raoul I.   59. 77.
Raoul II.   59. 77.
Ravelins.   24.
Remparts.   18. 19. 25. 26. 34. 38. 44. 50.
Remy (St-).   58.
Réparation des ruines.   37. 41. 42. 46. 74.
Rissoles (cérémonie des).   29. 30
Romaine (domination).   6. 21. 55 76.
Rues de Coucy.   25. 26. 33.
Ruines (les).   5. 8. 12. 43. 44. 53.

Sacquespée.   66
Saintrailles (De).   77.
Salle de spectacle   36.
Salle des Preux.   43. 51.
Sculptures.   34. 43 44.
Serfs.   26. 52. 61. 61.
Siagrius.   21. 57.
Sièges de Coucy.   20 36. 69. 75. 76.
Sires de Coucy.   59. 64.
Soissons.   15. 59. 66.
Souterrains.   48. 49.
Sybille.   76.

Pages.

Thomas de Marle.	12. 62. 76.
Tournois.	60. 74.
Tours.	25. 38. 39. 44. 52.
Tour (grosse,).	45. 62. 74.
Tours de la porte de Laon.	18. 19. 20.
Tremblement de terre.	45.
Truands.	26.
Vassaux.	26. 52. 61. 62.
Vendôme (duc de).	28.
Ventes du domaine de Coucy.	60. 73. 74.
Ville (Coucy-la-) étymologie.	13.
Vices.	58.

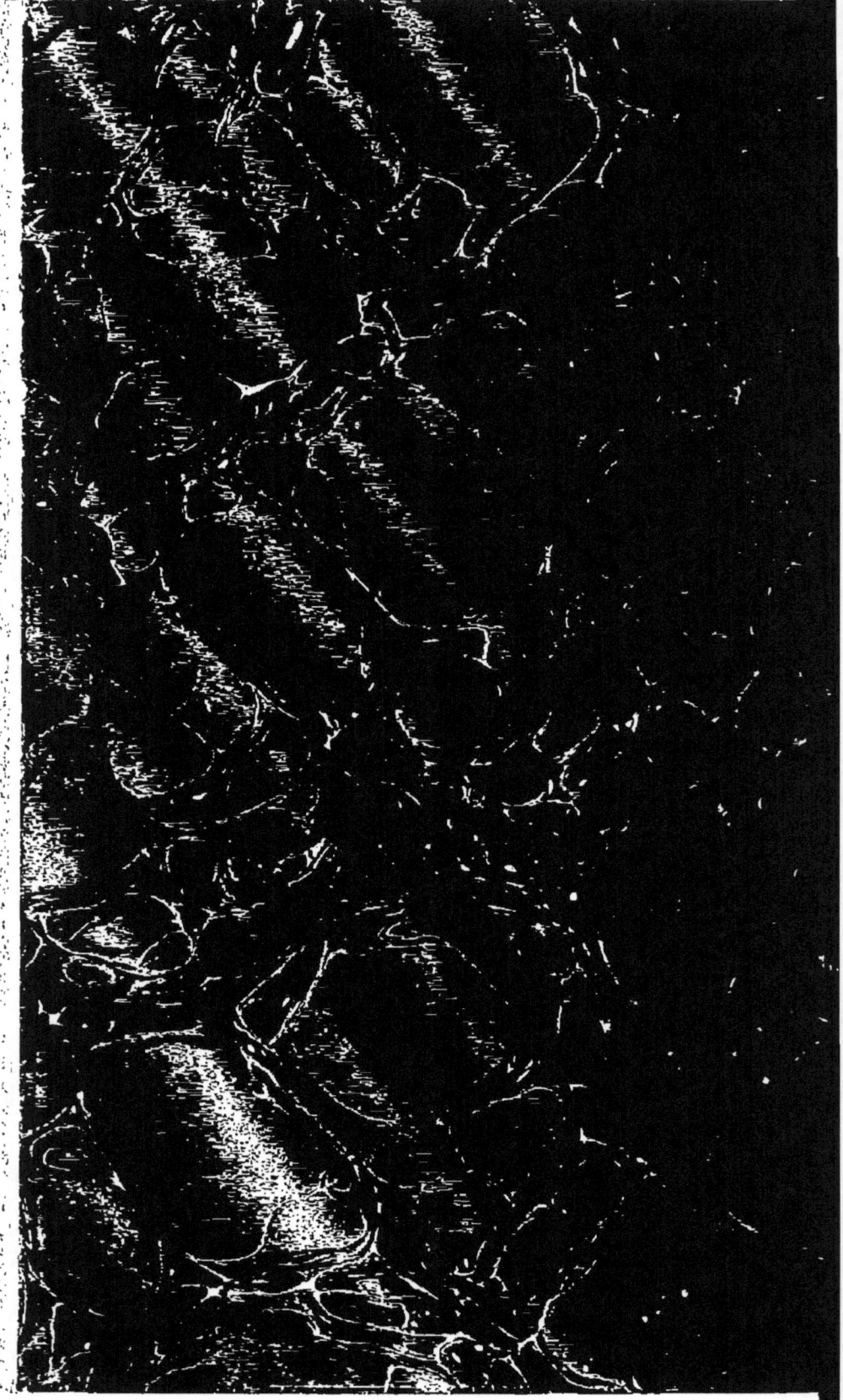

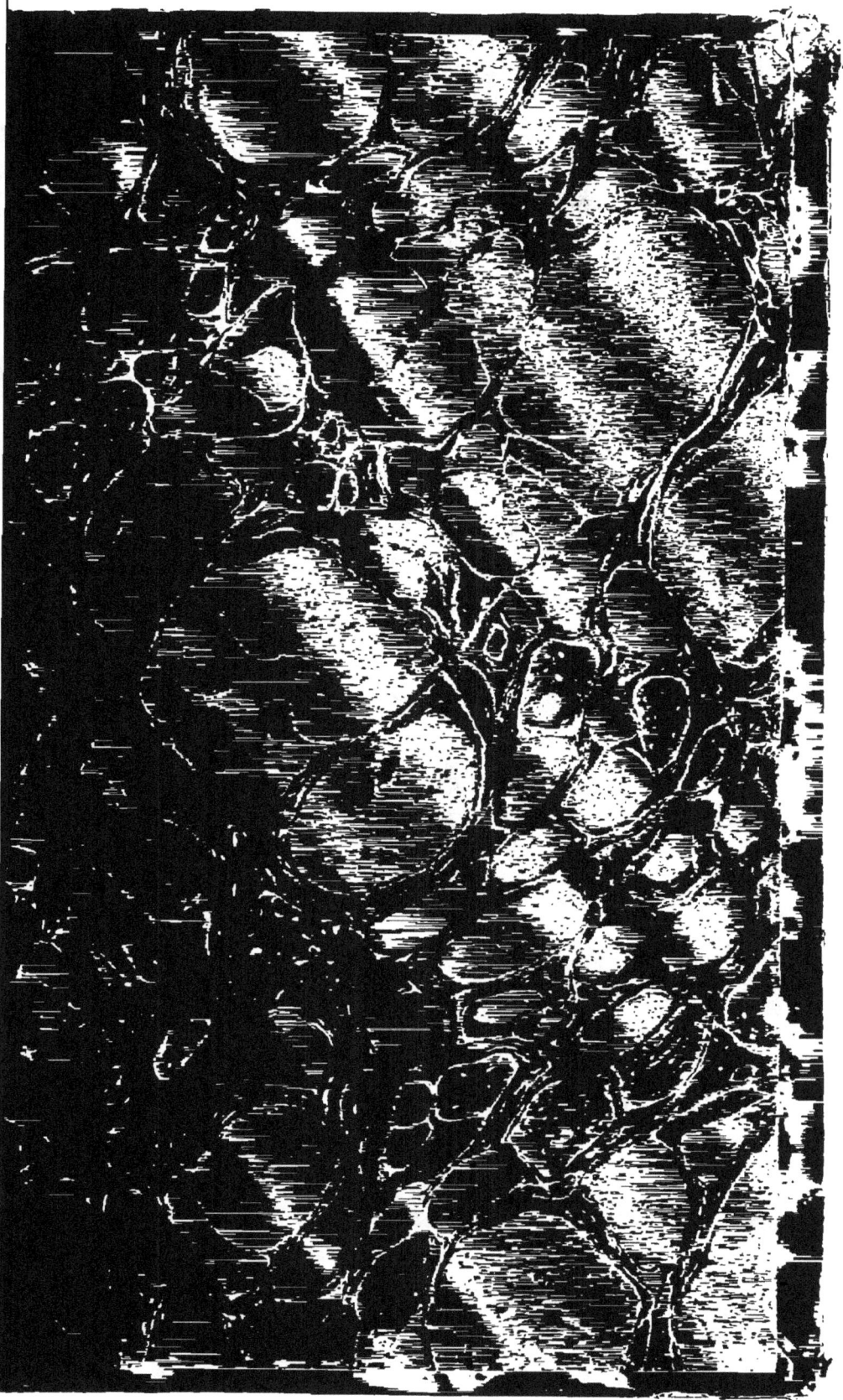

www.ingramcontent.com/pod-product-compliance
Lightning Source LLC
Chambersburg PA
CBHW070251100426
42743CB00011B/2219